Tolagnaro lieben lernen

Der perfekte Reiseführer für einen unvergesslichen Aufenthalt in Tolagnaro inkl. Insider-Tipps und Packliste

Lea Blumenthal

✈ INHALT

Der Westen Madagaskars 63

Das erwartet Sie in diesem Buch

*W*hen you fall,
get up oh oh,
And if you fall get up, oh oh,
Tsamina mina zangalewa, 'Cause this is Africa!*

Während die attraktive blonde Sängerin mit dem unvergleichlichen Hüftschwung im Jahre 2010 die scheinbar banalen Worte „Waka Waka" in die Ohren der Menschen pflanzt, zog die Faszination für einen oft völlig unterschätzten Kontinent längst immer mehr Menschen in ihren Bann. So wächst der afrikanische Tourismus in den letzten Jahren stetig und durch immer einfachere und günstigere Konditionen wird das Reisen nach Afrika mehr und mehr Menschen aus aller Welt zugänglich.

„Wenn du hinfällst, steh' auf! Woher kommst du? Weil das Afrika ist", singt Shakira in ihrem Welthit und die Interpretation dieser Zeilen erschließt sich umso mehr, wenn man einmal ein afrikanisches Land mit Leib und Seele wahrgenommen hat.

Diese Seiten nehmen Sie mit auf eine Reise. Eine vielschichtige Reise in ein Land mit einer echten Stehauf-Mentalität, das auf der Weltkarte so auffällig ist und doch so vielen Augen verborgen bleibt: Madagaskar.

Begeben Sie sich mit diesem Buch zunächst in die südöstlichste Stadt der ältesten Insel unserer Erde. Erleben Sie mit allen Sinnen das Flair der Hafenstadt mit den vielen Buchten, die Stärke und Ausstrahlung der Madagassen und die Schönheit der umgebenden Natur. Die Rückreise geleitet Sie quer durch das Land an einige verträumte Orte und fesselnde Naturwunder Madagaskars.

Erwarten Sie daher auch bitte keine trockene,

allzu pragmatische Lektüre mit zahlreichen Adressen oder detaillierten Fakten über Madagaskar und Fort-Dauphin. Nehmen Sie es vielmehr als durchgehende Geschichte rund um eine Stadt und eine Insel wahr, die Ihnen die unglaublichen Facetten des afrikanischen Landes ganz nahekommen lässt!

Dieser Erzähl-Reiseführer kreiert deshalb lebhafte Bilder vor Ihren Augen und lässt Ihnen immer wieder ganz konkrete Tipps zukommen, wie Ihre Reise zu einem unvergesslichen Erlebnis wird. Sie erhalten ein buntes Potpourri an unterschiedlichsten Aktivitäten und Ausflugszielen, aus welchem Sie Ihren Madagaskaraufenthalt ganz auf Ihre Bedürfnisse zugeschnitten gestalten können. Denn so viel ist sicher: Dieser abwechslungsreiche Ort hat für jeden Reisenden etwas in Petto!

Einzigartigkeit und Vielseitigkeit

Wenn es darum geht, „die Welt zu erkunden" und dabei Länder und Kulturen außerhalb Europas kennenzulernen, reizt es immer mehr Menschen, ein afrikanisches Land zu bereisen. Der „Schwarze Kontinent" bietet dem Reisenden ein schier unglaubliches, buntes Portfolio voller Gegensätze, Vielfalt und geheimer Schätze.

Madagaskar, die auf dem Globus sofort ins Auge stechende Insel inmitten des indischen Ozeans, östlich von Afrika, steht wie kaum ein anderes Land für die afrikanische Vielseitigkeit. Und dieser wohnt ein besonderer Zauber inne: Die vielfältige Flora und Fauna der zweitgrößten Insel unserer Erde ist und bleibt seit Millionen von Jahren einzigartig!

Diese Eigenschaft ist schnell und logisch erklärt: Ursprünglich war Madagaskar mit dem afrikanischen Kontinent verbunden, driftete jedoch in den indischen Ozean ab, sodass die Insel vom Festland isoliert wurde. Die Tier- und Pflanzenarten haben sich in dieser Abgeschiedenheit in den vielen speziellen ökologischen Nischen der Insel frei entwickeln können. Sie gibt es in ihrer Form deshalb nur auf Madagaskar. Wenn Sie den Animationsfilm „Madagaskar" gesehen haben, kennen Sie bestimmt die Lemuren und ihren Erzfeind, die Fossa. Sie gelten als *endemisch*, sind also nirgendwo anders auf der Erde zu finden. Gerade die Lemuren sind das Paradebeispiel dafür, dass in dieser Einzigartigkeit doch Vielfalt stecken kann. Einige der über 100[1] (!) bekannten

---

[1] Tennenhose, Erica: Kein Platz für Lemuren: Madagaskars Regenwaldproblem, 02.01.20.; https://www.nationalgeographic.de/tiere/2020/01/kein-platz-fuer-lemuren-madagaskars-regenwaldproblem [aufgerufen am 31.03.20]

Familien können Sie tagsüber in den Nationalparks bei der Nahrungssuche beobachten, während die anderen nachtaktiv sind. Diese Fülle an Artenreichtum zeigen auch die zahlreichen endemischen Familien der Frösche oder Vögel.

Durch eine Vielzahl an klimatischen Regionen und Ökosystemen werden Sie während Ihrer Madagaskarreise diesen Zauber auch in der Pflanzenwelt hautnah erleben, insbesondere bei den Pflanzen, die sich ihren geologischen Gegebenheiten perfekt angepasst haben. Sie müssen nur die Augen offenhalten! Der bekannteste Vertreter ist der Baobab, auch Affenbrotbaum genannt. Acht Spezies umfasst die weltweite Nomenklatur der gigantischen Riesen, von denen sieben Arten einzig und allein auf Madagaskar wachsen[2]. Diese gigantischen Riesen finden Sie in den trockeneren, westlichen Regionen, wo das Klima im Gegensatz zum (Süd-)Osten der Insel immer heißer wird. Feuchte Regenwälder in den östlichen küstennahen Regionen wechseln sich ab mit trockenen Savannen und Dornengewächsen im Herzen und Westen der Insel und hinterlassen

---

[2] https://www.madamagazine.com/das-land-der-baobabs/ [aufgerufen am 09.04.20]

Naturlandschaften voller Gegensätze und zum Teil einzigartiger Gestaltformen.

Und so genießen Sie neben dem reichen Landesinneren auch die malerischen Küsten Madagaskars, die neben Abenteuer und Entdeckung das Urlaubsfeeling nicht zu kurz kommen lassen – die perfekte Kombination für eine abwechslungsreiche Reise nach Fort-Dauphin.

Auf in den Südosten Madagaskars

ENTWICKLUNG

Vor fast 400 Jahren, in der Mitte des 17. Jahrhunderts, wurde eine französische Expedition aus kolonialen Beweggründen in Form eines Forts an der Südostküste sesshaft. Dieses wurde nach dem späteren französischen Thronfolger Louis XIV. „Fort Dauphin" getauft – Dauphin kommt aus dem Französischen und steht als Titel für den Thronfolger. Im alten Stadtkern „Fort Flacourt" am nordöstlichen Ausläufer der Stadt finden Sie heute mit dem Museum über die Geschichte und den alten Hafen Erinnerungen an diese Zeit. 32 Jahre blieben die Franzosen, bis sie von den ansässigen Madagassen letztendlich bekämpft und vertrieben wurden. Nebenbei noch ein paar Rahmendaten für Geschichtsversierte: 1896 wurde Madagaskar schließlich zur französischen Kolonie. 64 Jahre später erlangte das Land seine umkämpfte Unabhängigkeit wieder.

Lange Zeit diente die kleine Stadt als Militär- und Exportstandort und blieb unscheinbar, ehe im 21. Jahrhundert dann die Wende kam. Mit dem Bau einer Mine und eines neuen Hafens weiter südlich wurden Ilmenit und Zirkon in großem Stil gefördert und exportiert.

Mit dem wirtschaftlichen Hoch erlebten auch Infrastruktur und Tourismus einen großen Aufschwung, von dem mittlerweile über 60.000 Einwohner[3] profitieren.

Falls Sie den Namen „Tolagnaro" im Zusammenhang mit der Stadt zu hören bekommen, wundern Sie sich nicht. So wurde Fort-Dauphin in den 1970er

---

[3] Hcimer, Klaus: Reise Know How Madagaskar – Reiseführer für individuelles Entdecken, 21.05.15. S. 213

Jahren wieder in Malagasy, der Sprache der Madagassen, umbenannt.

ANREISE

Ihre Ankunft in Madagaskar führt Sie zuallererst in
die pulsierende Hauptstadt Antananarivo, die die
Madagassen hier nur „Tana" nennen. Für den Flug
stehen Ihnen viele Airlines zur Auswahl, von denen
sich zwei erfahrene Anbieter bewährt haben, die ich
Ihnen hier kurz nenne. Mit *Turkish Airlines* fliegen
Sie von Deutschland über den Zwischenstopp Istan-
bul auf die Insel. Eine sehr gute Airline mit hervorra-
gendem Service! Eine andere Route nimmt die ebenfalls sehr bekannte Gesellschaft *Air France*, die von
Amsterdam über Paris nach Madagaskar fliegen. Je
nach Airline und Zeitpunkt Ihrer Buchung belaufen
sich die Kosten für Hin- und Rückflug auf ungefähr
1000 €. Die Flüge sind auch deutlich günstiger zu bekommen, jedoch müssen Sie dann mit mehr Umstie-
gen sowie Umsteigezeit rechnen.

Für Ihre Einreise nach Madagaskar ist ein **Tou-
ristenvisum** Pflicht. Dieses können Sie für bis zu 60
Tage direkt vor Ort am internationalen Flughafen

von Antananarivo oder bereits vor Ihrer Reise in Deutschland bei der *Botschaft der Republik Madagaskar* erhalten. Für die Beantragung in Deutschland liegt der Betrag bei ca. 50 € inklusive Portogebühren, wohingegen die Abwicklung am Flughafen mit ca. 35 € etwas günstiger und auch relativ reibungslos zu bewerkstelligen ist.

Tipp: Achten Sie dabei auf zeitnahes Beantragen und auf die Gültigkeit Ihres Reisepasses, der nicht älter als ein halbes Jahr (Referenz ist das Rückflugdatum) sein darf.

Sinnvolle und wichtige Informationen zum Reisen nach Madagaskar gibt es auf der Webseite des *Auswärtigen Amts*. Weitere Reisevorkehrungen erhalten Sie im nächsten Kapitel.

Wenn Sie nach Ihrem langen Flug, und bevor es weiter in Richtung Süden geht, in Tana verweilen möchten, ist das **Guesthouse Telomiova** nahe dem Flughafen eine gute Adresse. Das Preis-Leistungs-Verhältnis ist fair und die Gastgeber sind überaus freundlich und zuvorkommend. Diese organisieren Ihnen auf Nachfrage gern einen Transfer zum

Flughafen oder helfen Ihnen, wenn Sie in die Stadt kommen wollen. Vor Ort besteht die Möglichkeit eines kleinen Frühstücks und ganz in der Nähe gibt es einige Einkehrmöglichkeiten, wo Sie abends eine warme Mahlzeit bekommen. Direkt nebenan – Sie gehen aus dem Tor hinaus nach rechts – werden Sie bei „Fish and Chips" mit Fleisch- und Fischgerichten mit Kartoffelbeilagen fündig.

Ein kurzer Einschub zu den Unterkünften in Madagaskar. Erwarten Sie bitte nicht zu viel in puncto Komfort und Sauberkeit. Auch warmes Wasser wird es nicht überall geben. Vergessen Sie nicht: Madagaskar ist eines der ärmsten Länder der Welt. Sie werden dafür die grandiose Gastfreundschaft der Madagassen umso mehr genießen.

Um in den Südosten Madagaskars zu kommen, gibt es grundsätzlich zwei Möglichkeiten: Mit fahrbarem Untersatz oder in der Luft.

Die komfortabelste Lösung ist ein **Inlandsflug** von Antananarivo nach Fort-Dauphin. Mit der Airline *Tsaradia*[4] fliegen Sie bei gutem Service täglich in

---

[4] https://tsaradia.com/en/discover-madagascar/our-destinations/flight-taolagnaro-fort-dauphin.html [aufgerufen am 05.04.20]

ca. 1,5 Stunden in den Süden. Je nach Buchungszeitpunkt liegen die Kosten zwischen 100 und 200 €. Ein großes Gepäckstück (ca. 20 kg) ist dabei inklusive.

„On the road" bieten sich Ihnen wiederum zwei Varianten. Grundsätzlich dauert die Fahrt länger (mehrere Tage) und die Straßenverhältnisse machen diese Fortbewegungsart deutlich unkomfortabler. Besonders im südlichen Drittel haben die Straßen viele Schlaglöcher, sodass man durchschnittlich mit 30 bis 50 km/h unterwegs ist. Obacht ist in der Regenzeit von November bis April geboten. Durch die Regenfälle können die ohnehin schon schlechten Straßen zum unüberwindbaren Hindernis werden.

Mit dem **„taxi-brousse"**, umgangssprachlich „Buschtaxis" genannt, womit kleinere Sprinter oder Busse für mehrere Personen gemeint sind, reist man am günstigsten (ab ca. 10 €), aber am längsten und unbequemsten. Neben den überaus engen Platzverhältnissen wird nicht selten von technischen Problemen berichtet, sodass sich die Reise zusätzlich verzögern kann.

Die bessere Alternative ist es, mit einem **Fahrer** zu reisen. Diese Reiseart ist sicherer und bietet sich an, wenn Sie mit der Familie oder in kleinen Gruppen von ca. vier Personen reisen und/oder unterwegs Zwischenstopps bei Nationalparks oder anderen Sehenswürdigkeiten machen wollen. Hier bietet sich zum Beispiel der bekannte **Ranomafana Nationalpark** an.

Zu den Kosten sind nur vage Angaben zu machen. Sie variieren je nach Anbieter, Verhandlungsgeschick und natürlich Anzahl der Reisenden. Prinzipiell sind im Preis Benzin und Reise mit inbegriffen und im Voraus mit dem Fahrer abzuklären. Ganz grob überschlagen sollten Sie insgesamt ca. 500 € (ca. 2.000.000 Ariary) einkalkulieren.

Tolagnaro erleben

KLIMA UND GEOGRAFIE

Das humide Klima lockt Sie bei Temperaturen um die 23 °C von August bis September und um die 30 °C in den restlichen Monaten das ganze Jahr über nach Fort-Dauphin. Praktischerweise fallen die wärmsten Monate und damit die beste Reisezeit auf die Wintermonate Europas (Oktober/ November bis April). Doch auch in der Winter- bzw. Trockensaison (April bis Oktober) sind die Strände Fort-Dauphins noch rege von Menschen und Sonne besucht.

Strände? Sie haben sich nicht verlesen! Fort-Dauphin liegt auf einer kleinen Halbinsel und ist von drei Buchten umschlossen, in denen feine

Sandstrände zum Baden, Surfen und Entspannen einladen. Gelangt man weiter ins Landesinnere, so erheben sich hinter der Stadt mehrere Berge, von denen der Pic Saint-Louis mit knapp über 500 Metern der höchste ist. Hier grünt die Vegetation rund um Fort-Dauphin.

Darüber hinaus ist die Stadtstruktur recht simpel: Die große Hauptstraße, die *Avenue du Marechal Foch*, zieht sich vom Flughafen im westlichen Landesinneren bis zum alten Hafen in der nordöstlichen Bucht. Von dieser bis zum gegenüberliegenden Ankoba Beach sind es gerade einmal 1,5 km.

DER WEG HINEIN IN DIE STADT

Nun sind wir historisch und geografisch nach Fort-Dauphin gereist und machen uns auf den Weg in die Innenstadt. Beginnen wir am Flughafen, im Stadtteil Marillac. Vom überschaubaren Gebäude mit der kleinen Landebahn gelangen Sie über die *Avenue du Marechal Foch* in Richtung der Innenstadt und der drei Buchten.

An einer großen Kreuzung, „l'étoile" (der Stern) genannt, geht es weiter geradeaus an einigen

Tankstellen vorbei. Wenn Sie hier links abbiegen, kommen Sie zum Nahampoana Reservat. Dazu später mehr.

Weiter die große Avenue entlang, gabelt sich vor der knallig grün-orangenen Tankstelle „Galana" die *Rue Circulaire* nach rechts ab.

Tipp: Für Ihr erstes Stranderlebnis am Ankoba Beach lohnt sich das Abbiegen an dieser Stelle. Den Weg zum Strand können Sie nicht verfehlen: Rechterhand gibt es bei „Les huitres d'Ankoba" die besten Austern der Stadt, frisch aus dem indischen Ozean – ein leckeres Antidepressivum zu touristenfreundlichen Konditionen (12 Austern kosten unter 2 €)!

Auf der linken Seite befindet sich die **Bar „Club Sandwich"**, wo man nach dem Strandaufenthalt auch leckere Snacks bekommt und von wo eine kleinere Straße links von der *Rue Circulaire* direkt zurück in die Innenstadt abbiegt. Der Ankoba Beach lädt Sie mit seinem vergleichsweise sanften Wellengang und seiner großen Länge vor allem zum Baden, Surfen und zu traumhaften Strandspaziergängen ein. Direkt am Strand kann sich der tüchtige Surfer bei **„Chez Marceline"** stärken. Empfehlenswert ist hier das selbstgemachte Brot im Steinofen, das man sich auch vorbestellen und abholen kann!

Hätten Sie an der Tankstelle „Galana" die Hauptstraße weiter geradeaus genommen, hätten Sie nach zahlreichen Verkaufs- und Essensständen irgendwann auf der rechten Seite die *Pharmacie Kaleta* und linksseitig den großen *Airtel-Shop* gesehen – zwei bei gesundheitlichen bzw. telefonischen Problemen sehr hilfreiche Anlaufstellen – und wären direkt über dem Hafen an der nordöstlichen Bucht angekommen. Hier endet auch die Verbindungsstraße zum „Club Sandwich", wo man nach ca. 20 Gehminuten angekommen ist. Wenn Sie hier die Strandpromenade weiter gehen, finden Sie viele Möglichkeiten zum Flanieren und direkt über dem alten Hafen bei dem kleinen Garten *„Le Jardin"* einen herrlichen Ausblick auf die nordöstliche Bucht von Fort-Dauphin.

Am Anfang dieser Strandpromenade können Sie in dem kleinen Geschäft *Prix Unique* Lebensmittel und andere wichtige Dinge des täglichen Bedarfs einkaufen. Der Laden liegt direkt gegenüber der *Bank of Africa*, wo Sie Bargeld abheben können. Direkt neben der *Pharmacie Kaleta* können Sie sich auf dem lokalen „marché de Tanambao" mit frischem Gemüse und anderen Lebensmitteln eindecken.

Der zweite „place to be(ach)" ist der **Libanona Beach**, der in Verlängerung des Ankoba Beach südlich liegt, von diesem aus aber nicht zu erreichen ist. Dazu verfolgen Sie einfach die *Rue Circulaire* weiter und biegen rechts ab in die *Rue de la Corniche*, von der aus ein Pfad zum *Libanona Beach* hinunter geht. Hier werden die Wellen schon größer, aber die kleine Bucht ist idyllisch schön. In der Ferne können Sie von hier aus den neuen Hafen erblicken.

Tipp: Auf der Rue de la Corniche lässt es sich bei Sonnenuntergang nach einem Badetag am Libanona herrlich an der östlichen Bucht (nicht badegeeignet!) in Richtung alter Hafen spazieren.

PRAKTISCHES DIREKT AN DIE HAND

Nach unserer Tour in die Stadt hinein, ist es nun an der Zeit, Fort-Dauphin hautnah zu erleben. In diesem Kapitel erfahren Sie wertvolle „Touristen-Skills" und bekommen konkrete Tipps rund um Ihren Städtetrip.

Von A nach B
Die beste Möglichkeit, Fort-Dauphin zu erkunden, bietet sich Ihnen zu Fuß. Die Stadt ist wie gesagt überschaubar und Sie finden sich einfach zurecht. Zwei Vorteile hat ein Fußmarsch: Zum einen können Sie mit Ihren Augen immer wieder Details links und rechts des Straßenrandes einfangen und die Menschen bei ihrem alltäglichen Leben beobachten – näher werden Sie diesen Alltag nicht miterleben! Zum anderen können Sie jederzeit in ein Tuktuk steigen. Die kleinen gelben Wagen mit drei Rädern und der nicht zu überhörenden Hupe können Sie gar nicht nicht wahrnehmen. Sie machen sich einfach am Straßenrand bemerkbar und schon sitzen Sie drin. Für 1000 Ariary (1/4 €) pro Kopf kommen Sie in der Regel von A nach B. Grobe Umrechnungsregel für

unterwegs: 4000 Ariary sind ca. 1 €, ergo sind 40.000 Ariary ungefähr 10 €.

Tipp: Machen Sie den Preis vorher aus und lassen Sie sich nicht über 1000 Ariary handeln.

Das gilt auch für die Taxis. Diese lohnen sich vor allem für die Familie oder einer Gruppengröße ab vier Personen. Taxinummern erhalten Sie in den Restaurants oder Hotels und es lohnt sich diese abzuspeichern. Trauen Sie sich auch hier Verhandlungsgeschick zu und probieren Sie sich aus! Je nach Entfernung sollten Sie insgesamt 20.000 bis 40.000 Ariary einplanen. Wichtig: Schätzen Sie vorher kurz die Entfernung ab. Diese ist in der kleinen Innenstadt eigentlich immer kurz, weshalb Sie beim Verhandeln ohne schlechtes Gewissen bei 20.000 Ariary anfangen können. Das Ziel der Fahrer sind in der Regel 40.000 Ariary, so sparen Sie bei geschicktem Verhandeln immerhin 5 € pro Fahrt. Wie gesagt, nur Mut! Denn wenn Sie mit einer Gruppe am Taxi stehen, hat der Taxifahrer sicher ein reges Interesse daran, Sie mitzunehmen.

Die Einwohner Fort-Dauphins kennenlernen

Die Tuktuk- und Taxifahrer sind freundlich und offen und das trifft auch auf die restlichen Einwohner von Fort-Dauphin zu. Bei einem Stadtspaziergang einfach mal stehen zu bleiben, in Ruhe und genau zu beobachten oder auch ins Gespräch mit den gut gelaunten Madagassen zu kommen bereitet Freude und Sie werden Eindrücke abseits der Touristenrouten sammeln können.

Nun fragen Sie sich bestimmt, wie Sie am besten ins Gespräch kommen? Neben der Amtssprache Malagasy sprechen die meisten Madagassen Französisch. Französischkenntnisse sind also sehr hilfreich! Ab und an sprechen manche Madagassen auch Englisch. Und ins Gespräch kommen Sie ganz einfach durch Ihren Mut. Einfach trauen, niemand beißt hier und die Madagassen werden Ihnen stets mit einem Lächeln begegnen. Es ist unglaublich interessant und aufschlussreich, die Stärke der Einheimischen zu erfahren.

Ob Sie junge Madagassen zu Fuß oder auf dem Fahrrad schwere Lasten schleppen sehen oder ob Sie die leicht und einfach bekleideten Kinder beim Herumspringen und Lachen beobachten – ein Blick in ihre Gesichter zeigt stets Willenskraft und Energie. Und diese spüren Sie vor allem im Dialog! Sprechen Sie ruhig die Mutter am Straßenrand an, die sich neben Ihren Kindern auch um den Verkauf von Gemüse kümmert. Gehen Sie ruhig in die Schule hinein und fragen Sie Kinder und Lehrer. Unverhofft kommt oft in Madagaskar!

Was unterwegs nicht fehlen darf

Für Flexibilität und eine reibungslose Kommunikation lohnt es sich, eine SIM-Karte bei einem örtlichen Anbieter zu besorgen. *Airtel* und *Telma* sind hier bekannte Adressaten, deren Stände zum Aufladen weit verbreitet und auch in Fort-Dauphin gut auffindbar sind. Neben Telefonaten mit den Fahrern helfen Ihnen *Google* und allen voran *GoogleMaps* ganz sicher das ein oder andere Mal weiter. Last but not least: Die Internetqualität in Fort-Dauphin lässt sich sehen!

Zweites Must-have ist eine solide Reiseapotheke. Informieren Sie sich vor Ihrer Reise über die notwendigen Impfungen und auch über eine geeignete Malaria-Prophylaxe. Letztere erfolgt prophylaktisch mit dem Präparat *Malarone*, das in der Regel gut verträglich ist, aber ab und an auch

Nebenwirkungen hat und deshalb unter Umständen unterbrochen werden muss. Die Alternative ist eine „Notfall-Medikation" bei Verdacht auf das von Moskitos auf den Menschen übertragene Malaria. Unabhängig von beiden Möglichkeiten sollten Sie Moskitosprays – *Nobite* ist hier eine effektive und empfehlenswerte Variante – und auch lange, bequeme Kleidung dabeihaben. Die Moskitos sind in den Abendstunden aktiv, weshalb Sie bei einem langen Badetag die Sprays nicht vergessen sollten! Tipp: Es gibt bei den Sprays Produkte ohne den Stoff DEET, der Kunststoffe und damit bei Benetzung der Hände auch Ihr Handy angreift.

Je nach Unterkunft sind für die Nacht Moskitonetze in den meisten Hotels vorhanden. Im Zweifel lohnt es sich, sich selbst ein Moskitonetz und Klebeband und Reiszwecken zum Befestigen zuzulegen.

Komplettiert wird Ihre Reiseapotheke durch den wirksamsten Fiebersenker Paracetamol, Kohletabletten und Medikamente gegen Übelkeit und Durchfall, um den die meisten Reisenden nicht herumkommen. Zusätzlich sind Hygieneartikel wie Feuchttücher und Händedesinfektion von Vorteil. Vor Ort können Sie aber auch Artikel dieser Art in den Apotheken erwerben.

Was Ihre Kleidung angeht, sollten Sie neben langer (Baumwoll-)Kleidung gegen die Moskitos auf gar keinen Fall Badeutensilien, Regenjacke und festes Schuhwerk vergessen. Je nach Abenteuerlust können Sie auch die Wanderschuhe einpacken. Ansonsten reicht die klassische Sommerkleidung. Als praktisch können sich zudem noch Utensilien wie eine Taschenlampe (zum Teil wird es sehr früh zwischen 17 und 18 Uhr dunkel!), eine Stirnlampe zum Lesen und eine Powerbank für elektrische Geräte erweisen.

Das Mitnehmen von Bargeld ist nicht notwendig. Vor Ort können Sie bequem mit Visa- oder Mastercard Geld abheben. Für das sichere Verwahren der vielen Ariary-Scheine lohnt sich ein Bauch- oder Brustbeutel. Wenn man für einen Tag und für eine Person zwei bis drei Mahlzeiten, Tuktuk- oder Taxifahrten und zusätzlich noch Budget für Ausflugsziele und/ oder Eintritte berechnet, kommt man gut bemessen auf ungefähr 100.000 bis 150.000 Ariary (25 bis 35 €) pro Tag. Abhängig von Ihren Aktivitäten und Plänen empfiehlt sich natürlich ein Puffer bzw. das Geldabheben für zwei bis drei Tage. Die restlichen Ariary werden Sie beim Kaufen von Souvenirs mit Sicherheit los.

DAS AUGE IS(S)T MIT – KULINARISCHE LECKERBISSEN

Nach einem langen Tag dürfen Sie sich in Fort-Dauphin auf einige empfehlenswerte Restaurants freuen, die neben der guten Küche auch mit einem angenehmen Ambiente locken. Ich serviere Ihnen vier ausgezeichnete Örtlichkeiten direkt auf dem Silbertablett!

Am bekanntesten sind in Madagaskar allen voran Reis und das heimische Rind, das Zebu. Die Madagassen verzehren jährlich im weltweiten Vergleich mit die höchsten Reismengen pro Magen und wenn man in landwirtschaftlich geprägten Regionen unterwegs ist, kann man die hellgrünen, weiten Reisfelder kaum übersehen. Ebenfalls nicht zu übersehen sind die Zebus mit ihrem markanten Höcker und großen Hörnern. Die stolzen Tiere stehen für die Stärke der Madagassen und sind wichtige Einnahmequelle sowie Hauptmahlzeit. Wenn Sie früh morgens auf den Straßen unterwegs sind, werden Sie sehen, wie die Zebuherden kilometerweit und zu Fuß(!) hinaus zum Weiden getrieben werden.

Essen gehen in Madagaskar ist eine günstige Angelegenheit. Für ein Hauptgericht mit Beilage werden ungefähr 20.000 Ariary (ca. 5 €) verlangt.

Das zarteste Zebusteak Fort-Dauphins können Sie bei **„Chez Bernard"** (Restaurant Mirana) genießen. Das kleine Restaurant liegt ein paar Meter weiter neben dem „Club Sandwich" über dem Ankoba Beach. Zugegeben ist das Ambiente nicht allzu besonders, aber die Gerichte der Küche zeugen von guter Qualität.

Eine sehr gemütliche Atmosphäre, gerade für größere Gruppen, finden Sie bei **„Chez Georges"**, auch bekannt unter „La Reine du Sud", das direkt über dem Libanona Beach liegt. Hier sitzen Sie im großen Außenbereich in entspanntem Ambiente und genießen eine fantastische Aussicht. Sehr ans Herz zu legen sind hier die Gerichte rund um den frischen Fisch und die Meeresfrüchte! Bis das Essen kommt, gönnen Sie sich ruhig einen leckeren Drink zur Erfrischung.

In der Nähe des alten Hafens kehren Sie im **„Le Filao"** ein, wo Sic Besitzer Claude zum Essen und

Trinken einlädt. Das Restaurant hat einen tollen Stil und liegt auch direkt am Meer. Hier finden Sie eine abwechslungsreiche Karte, von der die Fleischgerichte nahezulegen sind. Geheimtipp für Fleischliebhaber: Das Fleischfondue. Nach dem Essen serviert *Claude* Ihnen am Tisch oder an der Bar eine exzellente Auswahl an madagassischem Rum, der in verschiedenen Geschmacksichtungen daherkommt. Ob Vanille, Karamell oder doch lieber etwas Fruchtiges – hier ist für jeden etwas dabei!

Wenn Sie abends eher eine Baratmosphäre und dazu noch einen abgelegeneren Ort vorziehen, sind Sie in der **„Bar Haja"** richtig. Dazu müssen Sie die Stadt verlassen: Wo die Hauptstraße *Avenue du Marechal Foch* an der nordöstlichen Bucht abzweigt, biegen Sie links nach Norden auf die *Route Nationale RN 12* ab. Direkt am Anfang der Straße kommen Feierwütige nicht zu kurz, denn hier verleiten der **„Mafana Club"** und die **„Surf's up Bar"** in das Nachtleben und zum Tanzen.

Die *RN 12* geht an der Küste entlang bis zu einem größeren See auf der rechten Seite, dem Lanirano-See. Am besten ist das ruhige Gewässer mit dem Tuktuk oder Taxi zu erreichen. Nach einem

Tagesausflug lädt die Bar Haja mit Snacks und Drinks zur Stärkung bei wunderbarem Seeblick ein.

WENN DIE AUGEN ZUFALLEN

Für Ihre nächtliche Unterkunft sind je nach Bedarf und Komfort zwei Unterbringungsarten geeignet.

Als Familie oder Gruppe von mehreren Personen bieten sich Appartements oder Ferienwohnungen an. Hier finden Sie auf den renommierten Plattformen *Airbnb* oder *Booking* geeignete Objekte, die unter Umständen etwas außerhalb liegen.

Auf der anderen Seite sind Sie in verschiedenen Hotels in Fort-Dauphin bestens untergebracht.

Über dem alten Hafen können Sie bei einem Spaziergang im **Kaleta Hotel** einen Halt zum Flanieren machen. Die hiesige Bäckerei zeichnet sich durch ihre hervorragenden Süßwaren aus – ein Gaumenschmaus, auch zum Frühstück sehr empfehlenswert! Das Hotel ist eine solide Unterkunft (drei Sterne) mit Zimmern oder Suiten ab ca. 30-90€. Pluspunkte erhält es durch seine Aussicht auf das Meer, den schönen Innenhof und die geniale Lage direkt in der Stadt.

Noch zentraler liegen die etwas preiswerteren Hotels **Le Dauphin** und in der gleichen Straße das **La Croix du Sud**.

Das **traditionelle Le Dauphin** (***) überzeugt durch seinen breit gefächerten Service mit Zimmern aller Art, auch für Familien, einem guten Restaurant und großen Garten. Das Hotel organisiert Ihnen je nach Wunsch verschiedene Ausflüge.

La Croix du Sud (***) ist seinerseits mit über 30 Zimmern das größte Hotel in der Stadt und hat neben der stilvollen Bar ebenfalls einen schönen Garten.

Mit seinem Charme verzaubert Sie das kleine, aber feine Hotel **Le Nepenthes** (**). Mit seinen schlichten Zimmern sollten Sie hier nicht zu sehr auf Luxus aus sein, dafür zahlen im Vergleich bei gutem Service, Restaurant und ruhiger Atmosphäre am wenigsten.

Wer es exklusiv mag, wird im **Hotel Talinjoo** (*****) nicht enttäuscht werden. In unmittelbarer Nachbarschaft zur Libanona Bucht hat das Hotel in Sachen Komfort und mit dem ausgezeichneten Panoramablick beste Argumente auf der Habenseite. In puncto top moderner Ausstattung weiß auch der

Außenpool die Gäste zu überzeugen. Selbsterklärend ist hier natürlich, dass Qualität auch seinen Preis hat: Hier müssen Sie je nach Ausstattung um die 150 € für dein Doppelbettzimmer bezahlen.

BLICK ÜBER DEN STADTRAND

Wenn Sie Fort-Dauphin mit seinen Buchten und seiner Freundlichkeit kennen und schätzen gelernt haben, wird Ihnen das Umland um die Hafenstadt umso mehr ans Herz wachsen. Um Fort-Dauphin herum locken eine bemerkenswerte Natur und versteckte Orte fernab des Badetourismus mitten hinein in die Schönheit Madagaskars.

Der Beginn der Ausflugsempfehlungen ist wie bei der Reise in die Stadt der Flughafen von Fort-Dauphin, der im Stadtteil Marillac liegt.

Ein Ort zum Verweilen und Staunen ist die Schule der Lazaristen, das **Collége St. Vincentienne**. Das große Schulgelände liegt direkt an der *Avenue du Marechal Foch* in unmittelbarer Nähe zum Flughafen und bietet Platz für rund 1400 junge Schülerinnen und Schüler. Gebaut und gefördert wurde es von den katholischen Lazaristen, die hier in jeweils einem

Gebäudekomplex Priester und Nonnen unterbringen und ausbilden konnten. Ein Ausflug dorthin bringt Sie an einen ruhigen und idyllischen Ort, wo Kinder im Alter von ca. 7 bis 15 Jahren Bildung, Nahrung und eine lebhafte Gemeinschaft erhalten. Die Warmherzigkeit der Lehrer und Priester wird Ihnen nachhaltig in Erinnerung bleiben! Nach einem Rundgang über das Gelände können Sie nebenan eine Schreinerei von zwei deutschen Entwicklungshelfern besuchen, die gut 25 Einheimische beschäftigt. Auch hier bringen Ihnen Gespräche mit den Menschen vor Ort interessante persönliche Geschichten nahe.

Von Marillac aus haben Sie die Möglichkeit, zwei Tagesauflüge zu unternehmen.

Für Wanderbegeisterte lockt unmittelbar hinter dem Schulgelände der Aufstieg zum **Pic Saint-Louis**. Von der höchsten Erhebung rund um Fort-Dauphin haben Sie einen tollen Ausblick auf die Stadt, ihre Buchten und den weiten Ozean. Für diesen Tagesausflug sollten Sie vorab ein paar kleine Vorkehrungen treffen. Ein Blick auf das Wetter ist mehr als empfehlenswert. Zum einen haben Sie oben angekommen bei klarem Himmel und Sonnenschein beste Sicht. Zum anderen sollte es nicht nur am Tag selbst, sondern auch am Tag zuvor nicht regnen, weil die Pfade sonst nass und glitschig sind und den Aufstieg sehr unangenehm machen. Deshalb ist hier festes Schuhwerk für den zwei bis drei Stunden langen Aufstieg ratsam. Der Schwierigkeitsgrad ist machbar, Sie müssen keine alpinen Bergsteigertricks kennen. Ratsam ist außerdem die Begleitung durch einen Local oder einen Guide. Dieser kennt einerseits die Wege und kann Ihnen andererseits bei Begegnungen unangenehmerer Natur behilflich sein. Es kann vorkommen, dass Touristen bei solchen Touren ihrer Wertsachen beraubt werden. Die Moral von dieser Geschicht: Allzu Teures braucht man nicht! Für einen Guide informieren Sie sich am besten im *Office Régional du Tourisme*, in den örtlichen Hotels oder aber auch bei den Priestern der Lazaristen, die vor Ort gut vernetzt sind.

In Richtung Süden ist das abgelegene Fischerdorf **Ambinanibe** ein weniger bekanntes Ausflugsziel, wo Sie weg vom Stadtlärm mitten in das madagassische Leben eintauchen können. Gute zwei Stunden führt Sie der Weg bei gemütlichem Tempo an einfachen Häusern der Einheimischen vorbei bis zum großen See Andriambe, wo lange Holzkähne täglich für frische Fänge sorgen. Wundern Sie sich nicht über die staunenden Augen der vielen madagassischen Kinder am Wegesrand. Und wenn Sie *„vazaha vazaha"* (sprich: „waza waza") hören, was so viel heißt wie „Fremde", sind höchstwahrscheinlich Sie gemeint. Schauen Sie entspannt zurück und blicken bei diesem Spaziergang hinter die Kulissen der madagassischen Haushalte. Von schwangeren Schweinen über dampfende Töpfe bis hin zu den tüchtigen Frauen und Männern können Ihre Augen hier viele Details des alltäglichen Lebens so nah wie selten einfangen. Im Fischerdorf angekommen liegen hinter den Dünen die Weiten des indischen Ozeans. Am Strand bieten sich perfekte Gelegenheiten zum Spazieren oder Baden gehen und, für die länger Verweilenden, zum Genießen eines überwältigenden Sonnenuntergangs.

Erinnern Sie sich an die große Kreuzung „l'etoile", die auf dem Weg von Marillac in die Stadt liegt? Von hier aus führt Sie die links abzweigende Straße zum Nationalpark Nahampoana. Die andere Variante, das Reservat zu erreichen ist die *RN 12*, die Sie an der nordöstlichen Bucht entlang in Richtung

Norden am See Lanirano vorbei zum Ziel bringt.

Auch bei dieser Gegend kommen Sie auf vielfältige Art und Weise auf Ihre Kosten.

Am **Lanirano See** erwartet Sie der Startpunkt zu einer exklusiven Tour, die Sie in die großartige Natur an der südöstlichen Küste Madagaskars eintauchen lässt. Mit einer Piroge, einem Kahn aus einem Stück Holz, überqueren Sie in Begleitung von Einheimischen den See und gelangen über einen kleinen Fluss und über weitere Seen wieder ans Ufer. Die Kähne können Sie bequem direkt am See mieten und brauchen keine besonderen Vorbereitungen zu treffen. Weiter geht es fußläufig in guten zwei Stunden auf die atemberaubende **Halbinsel Evatraha**, die in Ihrer Schönheit ihresgleichen sucht! Schon auf Ihrer Wanderung wird Sie der Ausblick auf die Halbinsel mit dem kleinen Fischerdorf, den weiten Sandstränden und den direkt an die Küste angrenzenden Gebirgsketten in seinen Bann ziehen. Am Meer endet der Trip dann an der **Lokaro** Bucht, einem Ort der Ruhe und Beschaulichkeit.

Tipps für diesen Ausflug: Auch hier empfiehlt sich die Begleitung eines ortsansässigen Guides. Genug zu trinken, Sonnenschutz und Badesachen nicht vergessen!

Weiter nördlich lernen Sie im kleinen **Nationalpark Nahampoana** Tiere und Pflanzen der Insel kennen. Entweder lassen Sie sich mit dem Taxi direkt zum Eingang bringen (die Fahrt dauert ca. 30 Minuten) oder Sie steigen vorher aus, wenn der Fahrer die asphaltierte Straße verlässt. Von dort aus kommen Sie in ca. 50 Gehminuten an und können unterwegs wieder direkte Eindrücke von Natur und Menschen einfangen. In den Nationalparks Madagaskars sind nur von einem Guide geführte Touren erlaubt. Dazu telefonieren Sie vorher einfach mit der Rezeption und kündigen sich an. Der Eintritt kostet ca. 10 €.

Der Guide führt Sie – auf Englisch oder Französisch – bei Ihrer Tour durch den Park an verschiedenen Baumarten mit ganz unterschiedlichen Gerüchen und einigen Tieren vorbei. Schildkröten, kleine Chamäleons, Vögel und ein Tier zum Verlieben und Anfassen: **Die Lemuren!** Hier werden Sie die Familien der *Kattas* und *Sifakas* kennenlernen und auf geringer Distanz beziehungsweise hautnah erleben. Die Kattas mit dem unverkennbaren geringelten Schwanz sind die wohl bekanntesten Lemuren auf Madagaskar. Diese klettern gerne auf den Armen und Schultern herum und fressen Ihnen aus der Hand. Die eher scheuen Sifakas mit dem plüschigen, hellen Fell bleiben auf ihren Ästen, trauen sich aber bis zu einer gewissen Distanz von ein bis zwei Metern an Sie heran. Wenn Sie Glück haben, sehen Sie auch Mütter mit ihren Jungtieren. Faszinierend ist es auch, die Turnqualitäten der begabten Akrobaten aus der Ferne zu beobachten. Am Ende des Parks erwartet Sie dann noch eine kleine Überraschung – aber ich will ja nicht zu viel verraten. An der Rezeption können Sie sich auf der Terrasse bei einer warmen Tasse Tee ausruhen und stärken.

Zurück nach Antananarivo

Ihr Urlaub in Fort-Dauphin neigt sich dem Ende zu. Sie können zurückblicken auf die zahlreichen Ausflüge in die vielseitige Natur und das Leben der Madagassen, auf malerische Sandstrände und das vorzügliche Essen an den südöstlichsten Küsten Madagaskars.

Wir verlassen nun die Region Toalagnaro und machen uns wieder auf den Weg zurück in die Hauptstadt. Dazu nehmen Sie entweder den Inlandsflug von Marillac oder kombinieren die Reise mit einem Flug nach Tulear im Westen und von dort aus weiter auf den Straßen oder wieder via Flug nach Tana.

An dieser Stelle ein paar Worte zu den Straßen-verhältnissen. Die *RN 10* von Fort-Dauphin in Richtung Westen ist mehr eine Schlagloch-Piste als eine Route Nationale und ist wirklich nicht zu empfehlen, obgleich Sie an einigen Schauplätzen wie dem **Berenty Reservat** und der grotesken **stacheligen Vegetation** vorbeiführt.

Hierzu lohnt sich ein kurzer Exkurs, falls Sie vorhaben, einen größeren Tagesausflug von Fort-Dauphin aus zu erleben und dazu noch Kenntnisse im Fahren eines etwas anderen Gefährtes zu erlangen: Ein spannendes Erlebnis ist eine **Motorradtour**, die Sie auf der *RN 10* bis nach Amboasary und von dort aus zum Berenty Reservat bringt. Auf zwei Rädern ist die holprige Straße deutlich besser zu bewältigen, die Motorräder können Sie ganz unkompliziert in Fort-Dauphin mieten. Anlaufstellen sind beispielsweise bei *Stephan* gegenüber vom „*Club Sandwich*" oder bei der Rezeption des Hotels „*Le Port*". Die gut drei bis vier Stunden dauernde Tour zum Berenty Reservat geht immer weiter in Richtung des trockeneren und heißeren Westens und lässt Sie die Veränderungen der Vegetation sehen, die Sie mit Kakteengewächsen und weiten Steppen zum Staunen bringt. Im wunderschönen Berenty warten wieder die Lemuren und die ersten Baobab-Bäume auf Sie! Wie in allen größeren Reservaten bietet sich auch hier prinzipiell eine Übernachtungsmöglichkeit.

Weiter im Kontext mit dem Schlusswort zu den Straßen: Ab Tulear führt die *RN 7* nach Tana. Diese ist in gutem Zustand durchgehend asphaltiert und schlängelt sich an den beiden bekanntesten Nationalparks Madagaskars vorbei. Dies ist Grund genug dafür, dass ich Ihnen für den Rückweg die Kombination aus Inlandsflug nach Tulear und Weiterfahrt mit ein paar Zwischenstopps ans Herz legen. Wieder ist es die madagassische Fluggesellschaft *Tsaradia*, mit der Sie für rund 80 € jede Woche dienstags und donnerstags von Fort-Dauphin nach Tulear fliegen.

TULEAR UND IFATY

Wenn Sie noch etwas Zeit im Gepäck haben, sind die Stadt und die Region rundum **Tulear** ein mehr als lohnenswertes Zwischenziel. Die im Vergleich zu Fort-Dauphin mondänere und größere Hafenstadt kommt auf mittlerweile über 120.000 Bewohner und liegt ebenfalls direkt am Meer.

Für einen kurzen Aufenthalt kommen Sie in der *Rue Marius Jatop* in der Nähe des Hafens auf Ihre Kosten. Hier reihen sich viele Hotels, Restaurants und Bars nebeneinander und auf einem lokalen Markt können Sie einheimische Produkte wie Pfeffer oder Vanille ersteigern. Auch hier ist, wie so oft in Madagaskar, Ihr Verhandlungsgeschick gefragt. Am besten lassen Sie sich vorher von Locals ein paar Preise zur Orientierung nennen. Fragen Sie einfach den Barkeeper oder an der Hotelrezeption – probieren geht auch hier über studieren!

Zum Genuss von frischen Gerichten mit Fisch oder Meeresfrüchten werden Sie im **l'étoile de mer** kommen. Im schönen Außenbereich lässt sich das Essen der variantenreichen Speisekarte umso entspannter schmecken.

Etwas exquisiter geht es in der **Blu Bar** zu. Vor

einer langen Theke verbringen Sie in der großräumigen Bar bei stilvoller Beleuchtung Abendstunden in stimmungsvoller Atmosphäre. Das Essen und der Service sind von hoher Qualität. Hier empfiehlt sich bei den Drinks der madagassische Rum oder, wer es süßer mag, ein bunt geschmückter Cocktail – zum Wohl!

Am Ende der *Rue Marius Jatop* lädt Sie der *Anakao Express* zu einem aufregenden Tagestrip nach **Anakao** ein. Mit dem Boot kommen Sie jeden Morgen um 09.30 Uhr in den Fischerort mit dem bezaubernden Strand, wo Surfer, Schnorchler und auch Taucher nicht enttäuscht werden. Erkundigen Sie sich zur Organisation einfach bei den verschiedenen Hotels der *Rue Marius Jatop*. Abends bringt Sie der Bootstransfer wieder sicher nach Tulear zurück. Reservieren Sie vorher Ihren Transfer vor Ort oder im Internet unter https://transfert-anakao.com/. Für beide Fahrten fallen 120.000 Ariary (ca. 30 €) an.

Tipp: Wer ein unvergessliches Naturschauspiel der besonderen Art erleben will, kann draußen auf dem Meer vor der Bucht von Anakao die auftauchenden Buckelwale beobachten.

Die Ozeanriesen besuchen in der Zeit von Juni bis September die Westküste Madagaskars und kommen von weit her gereist. Aus den kalten antarktischen Gewässern suchen sie die wärmeren Gefilde des indischen Ozeans zur Futtersuche und Versorgung ihrer Jungtiere auf. Die Hotels sind die Anlaufstellen für die Anmeldung zu einer Tour, die je nach Anbieter ab 60.000 Ariary aufwärts kostet.

Etwa 30 km an der Westküste entlang in Richtung Norden liegt **Ifaty** mit seinem traumhaften, schier unendlich langen Sandstrand. Hier werden Sie in puncto Entschleunigung und Abgelegenheit fündig.

Insidertipp für Ihren Traumurlaub ist die Unterkunft von Philippe, ein Paradies zum Verlieben! Der herzliche und weltoffene Franzose wohnt mit seiner kleinen Familie direkt am Strand nahe des Dorfes Ambolimailaka und heißt sie in einem pittoresken Strandhaus willkommen. Sie finden die Unterkunft leicht auf Airbnb.

Mit der Familie oder mit Freunden sind Sie hier perfekt untergebracht! Vom Haus gehen Sie nur ein paar

Schritte bis zum ruhigen Wasser, das eine große Lagune füllt und deshalb ein optimaler Ort zum Baden und Schnorcheln ist. Möglichkeiten zum Schnorcheln gibt es viele, denn wenn man die Lagune etwas hinausfährt, erwartet Begeisterte ein Korallenriff. So können Sie, bestenfalls bei klarem Himmel und Sonnenschein, in Ifaty oder bei Ihrem Gastgeber selbst Ihren Schnorchelausflug in Angriff nehmen. Dieser bietet darüber hinaus auch Attraktionen wie Bootstouren zu den nahen Mangroven oder Grillabende an. Die gegrillten Langusten und der frische Fisch sind ein unvergesslicher Genuss! Bei Sonnenuntergang spaziert es sich wunderbar am Strand entlang, wo die Düne **Ambolimailaka** mit den davor am Strand liegenden Pirogen grüßt. Gehen Sie hinein in das Dorf und wagen Sie einen Rundgang. Die umtriebigen Kinder führen Sie gerne herum. Auch hier empfangen Sie die Bewohner warmherzig und mit einem lächelnden *„Salama!"*, was „Guten Tag" in Malagasy bedeutet. Grüßen Sie ruhig zurück! Unvergleichliche Eindrücke vom einfachen Leben eines kleinen Fischerortes sind garantiert. Zum Abschied sagt man in Madagaskar *„Veloma!"*.

ISALO NATIONALPARK

Die *RN 7* durchquert die Insel einmal schräg vom Südwesten in nordöstlicher Richtung und endet schlussendlich in Antananarivo. Trotz der guten Untergrundzustände ist auch hier die Kontaktierung eines Fahrers mit einem Allrad-Gefährt zu empfehlen. Dieser bringt Sie zum einen sicher in die turbulente Hauptstadt hinein und koordiniert zum anderen die Guides für die Besuche in den Nationalparks. Fragen Sie hierzu einfach Ihren Gastgeber, in den Hotels oder im Office du Tourisme von Tulear, welches unweit der *Rue Marius Jatop* zu finden ist. Bei den Verhandlungen um die Bezahlung des Fahrers kommt es maßgeblich darauf an, ob dieser von Tulear nach Tana und wieder zurück (Aller-Retour) fahren muss oder ob der Fahrer ohnehin schon eine Fahrt von Tana nach Tulear gemacht hat und Sie nur noch die „Rückfahrt" nach Tana bezahlen müssen. Bei *beiden* Wegen ist ein Preis von ca. 1.500.000 Ariary für Fahrt und Benzin erstrebenswert. Lassen Sie es dabei nicht auf 50.000 Ariary mehr oder weniger ankommen – die Fahrer sind auch hartnäckige Verhandler und im Zweifel einigen Sie sich eher reibungslos im Sinne eines guten Verhältnisses zu

Ihrem Reisebegleiter. Für *einen* Weg können Sie ruhig um einen Betrag um 1.000.000 Ariary feilschen. Generell gilt: Das sind alles Erfahrungs- und Richtwerte. Es sind Ihnen keine Grenzen gesetzt. Je nach Fahrer können die Preise natürlich sehr variieren. Wichtig ist es, beim Verhandeln Ruhe und Geduld zu bewahren, den Fahrer auch einmal „zappeln" zu lassen, indem Sie unter Umständen Ihr Angebot im Raum stehen und den Fahrer einen Tag über Ihr Angebot nachdenken lassen. Selbstsicherheit, Beharrlichkeit und Ruhe zahlen sich hier aus!

Auf dem Weg sehen Sie schon von Weitem die mächtigen Ausläufer und die Silhouette des Isalo-Massivs. Die karge und schroffe Landschaft erinnert an einen Canyon und genau das ist der Isalo Nationalpark auch. Ihr Guide führt Sie zunächst über die Ebene immer weiter hinunter ins Tal, wo spektakuläre Highlights auf Sie warten. Prägen auf den Höhen noch die kolossalen Felsmassive, Trockenheit und der weite Ausblick das Bild, so nimmt beim Abstieg in die Täler die Vegetation zu. Zu den Höhepunkten gehören *piscines naturelles*. Durch das Tal fließt nämlich ein Fluss, der auf seinem Weg durch die steilen Gebirgsformationen natürliche

„Schwimmbecken" geformt hat. Also nehmen Sie Ihre Badekleidung mit und springen Sie ins erfrischende und kühle Süßwasser! Im Tal angekommen warten im dichten Waldgebiet wieder die Ihnen mittlerweile vertrauten Lemuren auf Sie. Am Fluss können Sie hier für einen kleinen Aufpreis einen frisch zubereiteten und reichhaltigen Lunch zu sich nehmen, der auf einer Picknickdecke serviert wird.

Unterwegs können Ihnen neben den Lemuren auch andere Tiere wie beispielsweise endemische Schlangen oder Insekten begegnen. Durch den Park führen mehrere Touren, je nach Wunsch und körperlicher Fitness. Ihr Guide wird Ihnen ein paar Vorschläge unterbreiten, vorab können Sie sich dazu Informationen vor Ort in Ihrer Unterkunft oder natürlich auch schon vorher im Internet einholen. Im Internet sollten Sie vorab auch Ihre Unterbringung reservieren. Keine Sorge, rundum den Isalo Park wimmelt es nur so von Übernachtungsmöglichkeiten und alle sind per Mail oder alternativ per Anruf gut zu erreichen.

Mein Tipp: Chez Alice. Die wohl parfümierte und gepflegte Dame empfängt Sie an einem friedvollen Ort, der mit seinen kleinen und einfach gehaltenen Bungalows wie ein kleines Indianerdorf anmutet. Nach Ihrem Tagestrip durch den Park ruhen Sie sich abends auf der Veranda bei grandiosem Blick auf die Berglandschaft aus. Das Essen im Restaurant ist à la bonheur! Kosten Sie hier die hausgemachten Ravioli, die entweder vegetarisch oder mit Zebu-Hackfleisch gefüllt sind. So macht die Rückreise richtig Spaß!

Zu bezahlen sind neben den 70.000 Ariary für den Eintritt der Guide, der um die 120.000 Ariary für eine Tagestour veranschlagt.

RANOMAFANA NATIONALPARK

Weiter geht Ihre Reise ungefähr 340 km zum Ranomafana Nationalpark, der ganz anders als Isalo ein dichter Regenwald ist. Auch durch dieses UNESCO-Naturerbe fließt ein Fluss, der mit seinem großen Wasserfall auf den 5000-Ariary-Geldscheinen zu sehen ist. Die Namensherkunft von *Rano mafana* rührt von dem „warmen Wasser" der Süßwasserquellen im Waldgebiet.

Von den zahlreichen Quartieren fällt meine Empfehlung auf das **Hotel Centrest Séjour**. Die Hotelanlage erscheint mitten im Grün wie eine Oase. Die Zimmer sind gut ausgestattet und haben eine moderne Dusche mit WC integriert. Auch der Standard der Küche lässt sich sehen. Das überaus freundliche und jederzeit ansprechbare Personal kredenzt Ihnen madagassische und kontinentale Gerichte. Wer lokales Essen wählen möchte und es „knackig" mag, darf sich an den vor Ort gefangenen Flusskrebsen probieren, die mit einer schmackhaften Soße angerichtet werden.

Auch im Ranomafana Nationalpark können Sie zwischen verschieden anspruchsvollen Touren wählen. Mein Vorschlag ist die früh morgens startende Tagestour. Mitten durch den Sekundärwald geht es immer tiefer hinein in den Lebensraum etlicher Lemurenfamilien Madagaskars, die hier in den Baumkronen ihr Zuhause haben.

Zu den spektakulärsten Arten gehören der *„Dancing lemur"* und der *goldene Bambus-Lemur*. Letzterer ist überaus selten und wurde hier in der 80er Jahren entdeckt. Die tanzenden Sifakas sind für ihren charakteristischen Stil, sich von Baum zu Baum fortzubewegen, benannt worden. Ihre aufrechte Haltung beim Springen lässt die Bewegungen wie einen Tanz aussehen. Außerdem beherbergt der Park den großen und den grauen Bambus-Lemur, die sich ausschließlich vom schnell wachsenden Bambus ernähren, und die schwarz-weißen *Edwards-Sifakas*. Die vielen Guides sind auf unterschiedlichen Routen im Park unterwegs und kommunizieren stetig miteinander über die aktuellen Aufenthaltsorte der Lemurenarten, sodass die Wahrscheinlichkeit hoch ist, die Tiere von Nahem zu besichtigen.

Auf Ihrem Fußmarsch zwischen den Bäumen hindurch gelangen Sie irgendwann in den Primärwald. Sie können unterwegs die zahlreichen Vogelarten hören und immer wieder bestens getarnte, kleinere Chamäleons, Insekten und Schmetterlinge entdecken – ohne Ihren Guide undenkbar. Wenn Sie Glück haben, können Sie auch die größte Chamäleon-Art der Erde bewundern: Das *Parsons-Chamäleon*. Kinder behüten das anmutige Tier, das auf den Bäumen des Nationalparks lebt.

Nach Ihrem Tagestrip haben Sie die Wahl, noch

eine kleine Tour bei Dunkelheit zu unternehmen und die Tiere der Nacht zu beobachten. Dazu holt Sie Ihr Guide zu späterer Stunde an Ihrer Unterkunft ab und führt Ihnen am Straßenrand einige nachtaktive Vertreter vor. In das Waldgebiet hineinzugehen wäre wirklich nicht förderlich für die empfindlichen Lebewesen. Nicht zu überhören sind die Frösche, deren quakendes Konzert ihre Verstecke verrät. Die prächtigen Farben der kleinen Amphibien werden Ihnen in Erinnerung bleiben. Etwas genauer suchen muss man bei den Chamäleons, die auf den Ästen im Dickicht versteckt sind. Am aller genausten hinschauen werden Sie bei den nachtaktiven Lemuren, die selten zum Vorschein kommen. Am ehesten treffen Sie hierbei auf die quirligen *Mausmakis*. Unverkennbar sind deren große Glubschaugen, die Ihnen im Dunkeln entgegen schimmern.

Antananarivo – Die Hauptstadt

Rund 400 km geht es nun schnurstracks in den Norden nach Tana hinein. Die auf über 1000 Höhenmetern liegende Millionenstadt glänzt nicht durch ihre Schönheit, sondern bleibt vor allem aufgrund des alltäglichen Verkehrschaos' und den vielen Menschen, die sich in den Straßen und auf den Märkten tummeln, im Gedächtnis. Mit beinahe drei Millionen Einwohnern erstreckt sie sich das Stadtgebiet weit in das hügelige Umland hinein und wird in der Peripherie von unzähligen

Reisfeldern inmitten der vielen Gebäude durchzogen.

Wenn Sie die Hauptstadt besuchen und hier ein wenig verweilen möchten, sollten Sie im Vorhinein ungefähr wissen, wie viel Zeit Sie mitbringen. Für die Stadt reicht ein kurzer Aufenthalt völlig aus. Die Landschaft rund um Tana dagegen birgt viele magische Schauplätze, für deren Besuch Sie ein wenig mehr Zeit einplanen sollten.

ANTANANARIVO

Der Vorteil des für die Hinreise empfohlenen **Guesthouse Telomiova** ist die Nähe zum Flughafen. Von dort aus werden Sie die Heimreise antreten und wohl oder übel einen Taxitransfer und Stau in Kauf nehmen müssen. Vom Guesthouse sind es lediglich 7 km bis zum Flughafen, was in Tana je nach Tageszeit vergleichsweise kurze 30 bis 40 Autominuten bedeutet.

Falls Sie die Lust verspüren, die City von Tana etwas kennenzulernen, sind Sie im **Hotel Niaouly** an einer guten Adresse. Das Hotel liegt sehr zentral unweit des kleinen **Sees Anosy**, auf dem in der Mitte eine prachtvolle Engelsstatue auf einer Säule steht. Der See mit seinen farbenfrohen Bäumen, die vor allem im September blühen, scheint wie ein Biotop inmitten des Zentrums. Bei einer Umrundung können Sie auch über den lokalen **Blumenmarkt** schlendern, der täglich seine Pforten öffnet.

Highlight des Hotels Niaouly ist das Restaurant mit seiner kleinen Terrasse, von der aus Sie einen Eindruck gewinnen können, wie sich die Stadt auf zahllose Hügel ausbreitet und wie der Straßenverlauf in der Innenstadt förmlich auf und ab geht. Die Küche bietet eine gute Auswahl an Snacks, Suppen und einheimischen Gerichten, von denen das *Ravitoto* – Zebu mit gegrilltem Gemüse an Maniokblättern – eine sehr gute Wahl ist.

Vom Hotel lassen sich einige Ziele fußläufig sehr gut erreichen. Die *Avenue de l'independance* ist nur einen Katzensprung entfernt. Sie erreichen sie vom Niaouly aus, indem Sie einfach die *Lalana Ranavalona bergrunter* gehen und sich immer weiter geradeaus halten. Am Ende dieser Straße können Sie in der **Crêperie H & H** (linke Straßenseite) ofenwarme Crêpes frühstücken. Hier gibt es auch einen Bankautomaten, eine Apotheke und direkt daneben einen kleinen Supermarkt, um sich mit Wasser und Lebensmitteln zu versorgen. Anschließend halten Sie sich zunächst rechts und biegen dann links ab in die große Avenue mit dem markanten Grün in der Mitte, die ihr Ende am Bahnhof von Antananarivo findet. Das monumentale Gebäude sehen Sie bereits von Weitem.

Wenn Sie nach der Crêperie direkt links abbiegen und die vierte Straße erneut links abbiegen, empfängt Sie im **Restaurant Tatao** eine Speisekarte mit typischen Gerichten aus der Küche Madagaskars. Straßennamen sucht man in Tana oft vergebens, aber mit Ihrer SIM-Karte und mobilem Internet ist *GoogleMaps* in der Regel ein guter Wegweiser. Orientierungspunkt in der *Lalana Rabevehitra* ist das *Hotel Radama* auf der rechten Straßenseite.

Auf den in der Stadt verteilten **Märkten** ersteigern Sie typische Köstlichkeiten aus Madagaskar, an denen Sie auch noch zu Hause Freude haben. Ob Vanille, Zimt oder Pfeffer, Kaffee oder Rum – Ihre Suche wird hier von Erfolg gekrönt sein. Auch dürfen Sie von Ihrem (mittlerweile antrainierten) Mut zum Verhandeln profitieren! Wo sich die lukrativsten Märkte genau befinden, erfragen Sie vorher einfach im Hotel.

Zuschlagen sollten Sie auch auf dem „**marché artisanal de la digue**". Auf diesem riesigen Markt bieten Schnitzer und Handwerker ihre ästhetischen und filigran gefertigten Kunstobjekte an. Schlendern Sie in Ruhe durch die Marktstände hindurch und lassen sich nicht anstecken von der Hektik mancher Verkäufer. Ruhe zahlt sich aus, denn so haben Sie mehr Spaß beim Erleben und wie schon beschrieben mehr Erfolg beim Handeln! Vorsicht ist geboten bei Kaufobjekten, die Ihnen am Flughafen Komplikationen beim Zoll verschaffen könnten. Dazu gehören Produkte, die direkt in die madagassische Natur eingreifen, wie zum Beispiel Pflanzen oder ausgestopfte Teile von Tieren. Hellhörig sollten Sie auch bei dekorativen Figuren sein, die ehemals zu Gräbern gehört haben[5].

Parallel zur *Avenue de l'independance* öffnet der „**marché d'Analakely**" für Liebhaber von frischem Gemüse sowie Fleisch- und Milchprodukten auf der *Arabe Andrinampoinimerina* seine Pforten. Er ist einer der größten Märkte unter freiem Himmel und

---

[5] https://www.madamagazine.com/handwerkermarkt-von-tana/ [aufgerufen am 08.04.20]

lockt die Menschen aus allen Stadtbezirken ins Zentrum hinein. Die Hülle und Fülle an Produkten, aber auch an Menschen, ist erschlagend. Der Markt ist gewiss nichts für schwache Nerven.

Absolut sehenswert ist der alte Königspalast, der sogenannte **Rova** von Antananarivo. Der Palast Manjakamiadana ist nicht zu verfehlen. Er erhebt sich majestätisch auf den höchsten Punkt von Tana und ist ein Monument von den Königen des madagassischen Volkes der *Merina*. Von insgesamt 18 Völkergruppen auf der Insel leben die Merina um Antananarivo und dessen Höhenzügen. Sie erreichen die Anhöhe zu Fuß in gut 35 Minuten. Dazu gehen Sie aus dem *Niaouly* links die Straße hinauf und halten sich in Richtung des Stadtteils *Anhohalo*, wo Sie an einem kleinen Park vorbei kommen. Der Weg hinauf lohnt sich nicht nur kulturell, sondern auch für die weite Sicht über die Stadt, diese entlohnt Sie für den Aufstieg.

AUS DER METROPOLE HINAUS IN DIE NATUR

Durch die geografische Lage der Hauptstadt mitten im weitläufigen Hochland von Madagaskar sind in der ästhetisch umfangreichen Natur beeindruckende Orte zu finden. Durch die früheren vulkanischen Aktivitäten ist die Erde hier äußerst fruchtbar und damit sehr gut für die Landwirtschaft geeignet. Ebenso erklärt sich dadurch das hiesige Landschaftsbild, das geprägt ist durch unterschiedlich hohe Erhebungen, die von Flüssen und Seen durchkreuzt werden. Aus der Vogelperspektive wird klar, warum Madagaskar auch die „rote Insel" genannt wird. Ein Blick aus dem Flugzeug kurz vor Ihrer Landung zeigt Ihnen die rötliche Landschaft, deren einprägsame Farbe Folge von Verwitterungsprozessen ist[6].

Bei **„Madagascar on Bike"** kommen Sie zu fairen Konditionen an Motorräder heran. Mit den gut gewarteten Zweirädern lassen sich aussichtsreiche Fahrten in das Umland um Tana oder aber auch in

---

[6]   https://www.urlaub-auf-madagaskar.com/geologie/ [aufgerufen am 08.04.20]

entferntere Orte in Angriff nehmen. Ganz gleich, ob Sie Ihre Ausflüge mit dem Motorrad oder einem Fahrer absolvieren, gilt: Der frühe Vogel fängt den Wurm. Das bedeutet, dass sich frühes Aufbrechen in den noch dunklen Morgenstunden bei den teilweise sehr langen Anfahrtsrouten rentiert! So haben Sie mehr vom Tag, außerdem ist für Motorradfahrer das Fahren bei der aufgehenden Sonne Madagaskars eine außergewöhnliche Erfahrung.

Eine Motorradtour in den Norden von Tana führt Sie in das Herz dieser atemberaubenden Landschaft. Auf der *RN 4* gelangen Sie nach ungefähr 120 km zum **Ambohitantely Reservat**. Das Gebiet ist für Wanderfreunde, die einen fantastischen Ausblick auf die schier unendliche Hochebene genießen wollen, bestens geeignet! Wie in allen Parks stehen mehrere Touren zur Auswahl, die Sie mit einem Guide bestreiten können.

Gut 160 km im Osten von Tana stellt der **Andasibe-Mantadia Nationalpark** ein ereignisreiches Ausflugsziel dar. Wie im Süden lässt sich auch hier das Phänomen beobachten, dass die Vegetation im Osten grüner und dichter ist als im trockeneren Inland oder Westen. So erwartet Sie ein Regenwald voll von endemischen Pflanzen- und Tierarten. Die Attraktion des Reservats ist der schwarze *Indri*, der einzige Lemur ohne längeren Schwanz, eine der größten Lemurenarten. Großer Beliebtheit erfreuen sich auch die Wasserfälle und Pools, in denen Sie sich abkühlen können, das Erspähen diverser Vogelarten beim sogenannten „bird watching" sowie die hier heimischen Krokodile. Den Wald behausen außerdem einige Chamäleonarten sowie Vertreter des *Giraffenkäfers* und der *Madagaskar-Hundskopfboa*. Auch während der dunklen Abendstunden begegnen Sie einigen nächtlich aktiven Geschöpfen, unter denen das Fingertier, der sogenannte *Aye Aye*, das kurioseste ist. Ein wenig Glück gehört natürlich dazu, das seltsame Tier nachts zu entdecken. Es kratzt mit seinen langen Krallen Insekten aus den Ästen und Baumstämmen heraus – ein technisches Wunder der Evolution! Falls ein Tagesausflug nicht ausreicht, ist für Schlafmöglichkeiten in der Nachbarschaft des Nationalparks bestens gesorgt.

Auf halber Strecke zum Nationalpark (oder auch andersherum auf dem Rückweg nah Tana) liegt die ehemalige koloniale Industriestätte **Mantasoa**. Ein gigantischer See mit tentakelförmigen Ausläufern sorgt für eine üppige Bewaldung der Region, in der sich für Abenteuerlustige gute Wandermöglichkeiten auftun. Am See können Sie in der *Mantasoa Lodge* eine Rast einlegen und bei Bedarf übernachten. Wer Wassersport und Bootstouren mag, ist hier ebenfalls goldrichtig. Für Kulturinteressierte erzählen das Museum und das alte Fabrikgebäude die Geschichten der Kolonialzeit.

Eine Reise ins Ländliche ist auch die Region um den **Lac Itasy** wert! Ungefähr 130 km südwestlich (*RN 1*) liegt die reizvolle Landschaft rund um den See, die mit begrünten Gebirgsformationen übersäht ist. Das sind die „Highlands" rund um Tana, die eine Wanderung absolut wert sind. Wer in dieser fantastischen Natur noch mehr Zeit mitbringt, kann sich ein paar Kilometer weiter westlich von den **Wasserfällen von Lily** (französisch „Les Chutes de la Lily") begeistern lassen. Ausgangspunkt für beide Touren ist der Ort **Ampefy**, wo es genügend Plätze zum Nächtigen gibt. Von dort aus sind es ungefähr sieben bis neun Kilometer bis zu den jeweiligen Ausflugszielen. Ein Flusslauf führt Sie zu den Wasserfällen im Westen, der bei Ampefy in den See Itasy mündet. Es zahlt sich aus, genügend Proviant und Wasser und auch eine Picknickdecke einzupacken!

Ganz in der der Nähe bilden die **Geysire von Andranomandraotra** ein echtes Naturwunder! Die bizarr wirkenden Warmwasserquellen liegen nordöstlich der Wasserfälle von Lily im Verlauf eines kleinen Flusses. Aus den glatten, ockergelben Gesteinsformationen quillt angenehm warmes und trinkbares Süßwasser – ein extravaganter Blickfang!

Mein Tipp: Am besten lässt sich die Tour in diese vielförmige Region mit einem Fahrer (Allradantrieb) und einem Guide umsetzen, der die Wege zu den abgelegenen Schauplätzen bestens kennt und Sie mit Background-Informationen versorgt. Nutzen Sie die drei Stationen für einen ausgiebigen Tagesausflug!

Der Westen Madagaskars

Mit Tulear und Ifaty haben Sie bereits erste Impressionen der traumhaften Westküste von Madagaskar gewinnen können. Die schönen Sandstrände und die magischen Sonnenuntergänge machen diese Region zu einem wahren Urlaubsparadies. Doch vor allem geologisch hat der Westen Madagaskars noch einiges mehr zu bieten! Ich zeige Ihnen zwei im wahrsten Sinne des Wortes märchenhafte Orte, die zu einem Ausflug in den Westen locken.

MORONDAVA UND DER ZAUBER DER BAOBABS

Die erste Station unserer Exkursion in den Westen ist die kleine Hafenstadt **Morondava** direkt an der Küste.

Von Tana aus sind es rund 700 km über Antsirabe, wo nach der gut zu befahrenden *RN 7* die ebenfalls weitgehend geteerten Straßen *RN 34* und die *RN 35* weitergehen. Von der letzteren zweigt kurz vor Morandava die *RN 8* ab, die Sie weiter an der Westküste in nördlicher Richtung zu einem weltberühmten Naturhighlight von Madagaskar bringt: **L'allée des baobabs**. An den Rändern links und rechts der nicht asphaltierten *RN 8* ranken sich die kräftigen und teilweise über 20 Meter großen Affenbrotbäume erhaben in die Höhe. Ein unglaublicher Anblick, den Sie bei Ankunft am Nachmittag in der untergehenden Sonne am besten einfangen können. Wenn Sie also sehr früh morgens in Tana aufbrechen, sind Sie in ungefähr 10 bis 11 Stunden bei Morondava angekommen.

Grundsätzlich empfiehlt sich bei dem langen Weg in den Westen entweder ein Inlandsflug von Tana nach Morondava oder die Fahrt mit einem Auto mit Allradantrieb. Die Fahrer kennen die zum Teil abenteuerlichen Zufahrtswege im Westen, vor allem der der Küste entlang und zum Nationalpark Bemahara. Von einer Anreise von Tulear aus ist wegen der miserablen Infrastruktur abzuraten.

Es bietet sich an, sich vor Ort eine Übernachtungsmöglichkeit zu besorgen, um von hier aus die weiteren Sehenswürdigkeiten im Westen anzufahren. Entweder fahren Sie also direkt zu den Baobabs oder erst nach Morondava, um zuvor in einem Hotel einzuchecken.

Die Stadt an sich hat Ihnen nicht viel zu bieten. Zwei spezielle Aktivitäten können Sie aber bei Abstechern aus der Stadt unternehmen. Unweit von Morondava wachsen an der Küste **Mangrovenwälder**. Mit ihren Pirogen fahren die Fischer hinaus zu den Mangroven und steuern den Fischerort *Betania* an. Am Hafen von Morondava werden Sie die Boote auffinden. Fragen Sie gezielt vor Ort nach einem Ausflug nach Betania. **„Nofy Be"** heißt die richtige

Anlaufstelle in Morondava, wenn Sie eine Vorliebe für Bootstouren oder Tauchgänge haben.

Für erfahrene Abenteurer ist der Trip an die Küste die optimale Gelegenheit mit dem Motorrad das Landesinnere und die Baobab-Allée zu erkunden. Falls Sie sich etwas sportlicher fortbewegen wollen, können Sie ohne Weiteres in Morondava Fahrräder oder im *Baobab Café Hotel* Quads mieten, mit denen von dort aus die Baobabs in 15 km gut zu erreichen sind. Wenn Sie die *RN 8* weiter hinauf fahren, zweigt ein Weg nach links ab. Am Ende des Weges warten nach ein paar Kilometern zwei Verliebte auf Sie und regen Ihre Fantasie an. Die beiden **„Baobabs amoureux"** umschlingen sich mit ihren dicken Stämmen gegenseitig und sind ineinander verwunden. Glaubt man den Madagassen, so waren die beiden Riesen ein unglücklich ineinander verliebtes Paar. Die beiden sollten leider bereits andere Partner heiraten und baten höhere Mächte um Hilfe. Das Ende der Geschichte dürfen Sie sich selbst zusammendenken und an diesem Ort bildhaft vor sich sehen.

NATIONALPARK TSINGY DE BEMAHARA

Fast schon unwirklich erscheinen einem die Felsformationen des Nationalparks Tsingy de Bemahara. In diesem Weltnaturerbe der UNESCO verbergen sich echte Schätze der Geologie, die eine nicht einfache Anfahrt mehr als wert machen!

Vor Millionen von Jahren war dieser Landstrich noch von Meerwasser umgeben. Erst im Laufe der Zeit traten Landmassen dann über den Meeresspiegel hinaus und hinterließen eine Gebirgsregion, die den Prozessen der Natur ausgeliefert war. Diese legten schließlich Kalkstein frei, der in seiner Morphologie den Besuchern ein skurriles Bild liefert. Von den tiefen Schluchten und Tälern ragen spitze und scharfkantige Felspyramiden und -grate in die Höhe und sehen stellenweise mit ihren Formationen wie steinige Wälder aus, die wohl auch die Fantasie der Madagassen zur Namensgebung anregten. Denn „tsingy" bedeutet so viel wie „Auf den Zehenspitzen laufen", was den Felsriesen wohl zu ihrer Größe verhilft.

Die Hinfahrt macht lediglich von Morondava aus Sinn. Die *RN 8* lotst Sie nach *Belo sur Tsiribihina*, von wo aus es nach einer Flussüberquerung mit einer kleinen Fähre auf abenteuerlichen Pisten weiter bis zum Fluss Manambolo geht, den es genauso zu überqueren gilt. Eines ist nach all den verschiedenen Touren durch das Land mittlerweile klar: Fahrer und Allrad sind hier obligatorisch! Mit der Fähre setzen Sie ganz nach madagassischer Art über nach *Bekopaka*. Auch wenn es auf den ersten Blick nicht so aussieht, bringt Sie die Fähre sicher ans andere Ufer. Last but not least noch ein letzter Hinweis: Von November bis April ist ein Besuch der Region nicht möglich, weil zum einen die Straßen und zum anderen der Nationalpark aufgrund der regnerischen Witterung unbefahr- beziehungsweise unbegehbar sind.

Leider ist wie eingangs beschrieben die Anfahrt zum Nationalpark aufwendig. Deshalb empfehle ich für die Erkundung des Westens beide Ausflugsziele mitzunehmen, da die Baobab-Allée auf dem Weg nach Bemahara liegt. Folgende Touren erachte ich als sinnvoll:

Tag 1: Antananarivo – (Morondava) – Allée des baobabs – Morondava (Übernachtung) // Tag 2: Morondava – Nationalpark Tsingy de Bemahara – Bekopaka (Übernachtung) // Tag 3: Rückreise

Tag 1: Antananarivo – Allée des baobabs – Belo sur Tsiribihina (Übernachtung) // Tag 2: Belo sur Tsiribihina – Nationalpark Tsingy de Bemahara – Bekopaka (Übernachtung) // Tag 3: Rückreise

---

Belo sur Tsiribihina und *Bekopaka* sind die Alternativen zu einer Unterbringung in Morondava. Nach der beschwerlichen Anreise kommen Sie in *Belo sur Tsiribihina* im **Karibo Hotel** zur Ruhe. Genießen Sie im charmanten Restaurant Ihr verdientes, kühles Feierabendbier – erfrischend und angenehm süßlich schmeckt das madagassische *„Three Horses"* – und lassen Sie sich mit stilvoll angerichteten Speisen verwöhnen.

Direkt am Nationalpark werden Sie je nach Bedarf und Anspruch in der **Orchidée de Bemahara** und im **Soleil de Tsingy** bestens untergebracht.

Die **Orchidée de Bemahara** präsentiert Ihnen inmitten der grünen Flusslandschaft die ganze

Palette an Schlafmöglichkeiten vom Bungalow (ab 80.000 Ariary) über Familienzimmer bis zum Luxuszimmer (300.000 Ariary). Die Restaurantanlage bietet viel Platz und eine Bar für gemütliche Abendstunden. Durch einen etwas gehobeneren Standard weiß das **Soleil de Tsingy** zu überzeugen. Das i-Tüpfelchen auf dem sehr guten Service ist mit Sicherheit die Aussicht von der Terrasse auf die Weiten des Nationalparks.

Gestärkt und ausgeruht treten Sie nun Ihre Expedition in eine Naturlandschaft der ganz besonderen Art an. Um das Massiv zu durchqueren sollten Sie trittsicher und schwindelfrei sein. Auf den Pfaden sind einige Höhenmeter und Hängebrücken zu überwinden. Höhepunkt sind die Höhlen und Grotten in den engen Schluchten, in denen Sie sich von der Mittagshitze abkühlen können. Je nach Rundweg gibt es verschiedene Schwierigkeitsgrade, sodass man zwischen zwei Gebieten unterscheidet: Den „kleinen" und den „großen" Tsingys. So dauern die Wanderungen zwischen zwei und sechs Stunden. Ihre Tour besprechen Sie vorher in Ruhe mit Ihrem Guide, der Sie zudem auch, wenn nötig, mit dem entsprechenden Equipment versorgt.

Neben den Kalksteinriesen ist das Reservat auch von Wäldern und Gewässern durchzogen, die natürlich von Tieren bewohnt sind. Neben den bekannten Sifakas treffen Sie auf Ihrem Weg unter anderem auch auf Chamäleons, weitere gut getarnte Echsen und sogar auf in den Bäumen versteckte nachtaktive Lemurenarten. Nicht begegnen werden Sie hier den Fossa, obwohl diese hier auch ihren Lebensraum haben. Die Wahrscheinlichkeit, dem einzigen Raubtier von Madagaskar über den Weg zu laufen, ist im Kirindy Reservat (nicht zu verwechseln mit dem Kirindy Mitea Nationalpark!) nördlich von Morondava deutlich höher.

Herstellung und Verlag:

BoD – Books on Demand, Norderstedt

ISBN: 9783751976275

1. Auflage

Kontakt: Psiana eCom UG/ Berumer Str. 44/ 26844 Jemgum

Covergestaltung: Fenna Larsson

Coverfoto: depositphotos.com